Instagram , FB , Twitter , LINE ……

SNS
使え…
必須…

CYT	See you tomorrow	また明日
IDK	I don't know	わからない
ikr	I know, right?	それな
TTYL	Talk to you later	後で話す
JIC	just in case	念のため
imo	in my opinion	ぶっちゃけ
Me 2	Me too	私も
LMAO	laughing my ass off	大笑い
ngl	Not gonna lie	マジな話
gtg	got to go	もう行かなきゃ
B/C	because	なぜなら
smh	Shaking my head	呆れた
BRT	be right there	すぐ行く
idc	I don't care	どうでもいい
tbh	To be honest	正直に言うと
bf	boyfriend	彼氏
n/m	Never mind	気にしないで
w8	Wait	待って

星星の
1日1フレーズ

バズるは英語でなんて言う？

星星★著

飛鳥新社

英語を学ぶ

はじめまして。僕はパンダの星星。
まずはこの本『星星の1日1フレーズ
バズるは英語でなんて言う？』を
手に取ってくれてありがとう。

ところで、僕のこと知ってるかな？
毎日、朝の『ZIP！』で見てくれてるかな？
僕は、相棒の舜太と一緒に全国の高校を訪問して、
英語のおもしろさや楽しさを伝えてるよ。

「コレって英語でなんて言うのかな？」
みんなの疑問を解決するのが僕のお仕事なんだ。

「バズる」「インスタ映えする」
「うまっ」「めっちゃいい」
「しんど」「イケメン」

みんなが普段よく使っている言葉だよね。
これを英語で言えるかな？

この本では、InstagramやLINEで使うSNS用語から
友達同士で使うカジュアルな表現まで
最新で旬な“今の英語”をいっぱい集めたよ。

しかも
3語以内の簡単な英語ばかり。

短いからすぐに覚えられるし、相手にきちんと伝わるし、
生の英語だから、使うと超かっこいい！

君へ！

紹介する英単語やフレーズは
どんなシーンでどう使うのかもよくわかるよ。
ページの下にあるQRコードをスマホで読み込めば、
動画でおさらいも！　発音だってバッチリ！

「ちりも積もれば山となる」
チリツモ精神で、1日1フレーズ！
英語力が身につくはず！

力まずに今の英語ってこういうんだな～って
気ままに見てもらってもOKだよ！

英語は楽しい！　英語がもっと好きになる！
さあ、僕と一緒にレッスンしよ！

この本がみんなにとって
素晴らしい出会いになりますように！

Thanks a billion!

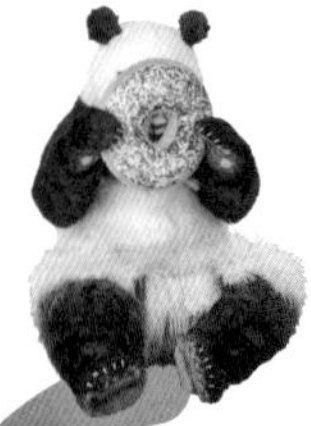

★目次★

Contents

SPECIAL

対談

星星が舜太とともに全国の高校をまわる『ベラベラ ENGLISH 星星 the Teacher』。スタジオでその様子を見ながら一緒に学んでいる水卜麻美アナと、山下健二郎さんに、英語にまつわるエピソードを伺いました。

ZIP! 総合司会

水卜麻美アナ

英語で大事なことって何?

ZIP! 火曜パーソナリティー

山下健二郎さん

MIURA ASAMI

番組では全国の高校で英語の楽しさを伝えています。星星の活躍をどう見ていますか？

山下さん（以下山下）：星星は英語ができるだけでなく、ダンスやスポーツなどなんでもできてすごいですよね。英語は、すぐに使える気の利いたフレーズを教えてくれるので、僕自身、とても助かっています。

水卜アナ（以下水卜）：高校を訪れるようになる前から、星星は小さいお子さんを中心に人気だったので、学校でも生徒さんたちが喜んでくれていて、こちらもうれしくなりますね。星星が一番うれしそうですけど。

山下：海外旅行をしなくても、日本にいながら外国人とコミュニケーションをとる機会がこれからまた増えてきますよね。英語の必要性を感じている人が多いと思うので、星星の英語コーナーは今の時代に合っていると思います。ペラペラになれなくても、星星が教えてくれたちょっとしたフレーズが言えるだけでも喜ばれると思いますし、コミュニケーションがとれることで自分自身もうれしいし、楽しくなれるはずです。海外を訪れたときに、お店の人やタクシーの運転手さんが日本語であいさつしてくれるとうれしいじゃないですか。僕らも、海外から訪れた方に少しでも喜んでもらえるよう、英語を話せるといいですよね。

水卜：そうですね。私も星星が教えてくれるフレーズは、日常会話で使えるものばかりなのがいいなと思っています。友達同士だったらこんな言い方をするよ、若い人たちの間ではこんなフレーズが流行っているよと、“今の英語”を教えてくれる。教科書には載っていない、生きた英語だから苦手意識を持たずに使ってほしいですね。

山下：そうそう、今風なんですよね。友達同士で使えるカジュアルな表現が多いから、海外で使

海外の文化や流行を知ることもできますよ

うと「英語できるんだ」と思われることが多くて（笑）。英語というと、やはり学校で勉強するもの、テスト大変だなっていうイメージがあるけれど、日本語と同じでコミュニケーションツールだから、時代とともに言い方が変わっていくもの。10年前と今では表現の仕方が違う日本語もいっぱいありますよね。星星が教えてくれるのはフレッシュな英語なので、本当にすぐに使えるのがいい！

水卜：Instagram などSNS で使われているハッシュタグは、毎回へぇ～と驚いてばかりです。「#TBT」って何だろうと思っていたのですが、『ThrowBack Thursday』の略。木曜日に昔を振り返って過去の写真を投稿することなんですって。海外での流行、文化を知ることもできるのが星星のコーナーのいいところですね。

海外ロケなど英語に接する機会も多いふたり。

英語を習得するために心がけていることやコツはありますか？

山下：学生時代は英語が本当に苦手でした。でも、この仕事をするようになってから海外に行くことも多いですし、日本にいても外国人の方と接する機会も増えたので、自分の気持ちを英語でちゃんと伝えられるようになりたいと思い、一昨年から勉強をはじめました。勉強の仕方は人それぞれで、正解は一つではないけれど、僕はまず中学で習ったような文法をきちんと頭に入れることをしましたね。英語に限らず基礎は大切ですから。まず耳から入るというのもありますが、僕は文法をおさらいしたことで、耳から入ってくる英語がよりわかるようになったし、実践でも使えるようになりました。レストランでの注文や、タクシーで行き先を伝えることなど必要最低限の会話はできるようになってきました。

水卜：健二郎さんは、星星のコー

すぐに使える生きた英語が学べます

ナーで積極的に声に出していて、そこがしゃべれるようになる大きな差なんだろうなと感じています。私は受験英語をはじめ、学校での英語は勉強してきたつもりなのですが、海外に行くとうまく話せないんです。相手が何を話しているかは少しは理解できるし、自分が言いたいこともフレーズは出てくるけれど、「この発音で大丈夫かな…」と不安になってしまいます。それは、何度か英語で話しても「は？」という顔をされたり、「何を言っているかわからないよ」と言われた経験があり、そこから英語で話をするのが怖くなってしまったんです。相手は軽い気持ちだろうし、けなしているわけではないけれど、私の発音では通じないんだと落ち込んでから、話しかけられなくなりました。

山下：Don't be shy !

水卜：そうですよね。失敗したらどうしようという気持ちからためらってしまうし、恥ずかしい気持ちもある。でも、海外から来た方が片言の日本語を話しても理解できるし、話してくれることがうれしいですよね。だから怖がらなくてもいいはずなんですよ。健二郎さんが、海外で積極的に話しかけるというのを聞いて、そのマインドが一番大切なんだと思いました。普段から間違ってもいいから声に出している姿を見て、上達のコツはそこにあると思います。

山下：僕は恥じらいがないですから（笑）。どこでも鬼がらみです!!

いつか英語で
ポール・マッカートニー
にインタビューしたい！

Don't be shy!
恥ずかしがらず、口に出してみること

水ト：どんな場面でもコミュニケーションがとれる人は、積極的に話しかけていますね。私は頭デッカチなタイプだし、人見知りなので、そこがダメなところかもしれません。
山下：知っている単語を並べるだけでも、伝えたいという気持ちがあれば伝わると僕は思っていますから。

おふたりが星星のコーナーに出演するとしたら、どんなことをしてみたいですか？

山下：学生のときにもっと英語を勉強しておけばよかったと後悔しているので、僕自身の体験を学生のみなさんに伝えられたらいいですね。今は小学生から英語の授業があり、中学、高校と勉強する時間はたっぷりあるのに、しゃべれる人が少なくてもったいない気がします。僕は、学校の成績は悪かったけれど、大人になってから一生懸命勉強して、日常会話ができるようになったので、英語が話せるようになることでの楽しさを星星とともに伝えていきたいですね。
水ト：まさに……。学生時代、机上での英語は勉強してきたけれど、コミュニケーションが苦手なんです。今は、ポール・マッカートニーさんに英語でインタビューすることを目標に掲げ、勉強しています。
山下：それ、いい目標ですね！
水ト：そんな機会はめったにない

ことはわかっているのですが、いざインタビューできますとなったときに、付け焼き刃では会話はうまくできないはずなので、準備はしておきたい。以前、『スッキリ』でリモートですが、リンゴ・スターさんにインタビューをする機会がありました。通訳はいるものの、彼が何を話しているかは聞き取れ、通訳を介するタイムラグなしにリアクションができたことがとてもうれしくて、感動的でした。英語に限らず、好きな人と話をしたいという思いは、語学を学ぶモチベーションになりますよね。いつ訪れるかわからないけれど、いつかポール・マッカートニーさんに会えることができたら……と考えて、星星に使える英語を教えてもらいたいです。

山下：星星のコーナーのいいところって、シチュエーションで覚えられることですよね。ただ単語、フレーズを教えてくれるだけでなく、こんなときどう言う？　というのがわかるのがとってもいい。

水卜：そうですね。相槌の仕方や、こう言われたときにどう返すかというのが、生きた英語だと思いますね。

山下：日本人は書くのはできるじゃないですか。でも、言葉は口に出さないと。そこをどんどん伝えていきたいな。

水卜：会話、伝えるための言葉ですからね。勉強の英語が嫌い、苦手という人も、星星の英語は別ものと考えるといいかもしれません。記号みたいに見えていた英語も、日本語のように目の前の人に気持ちを伝える生きた言葉に見えてくるはずです。

山下：僕は星星のコーナーで学んだフレーズを海外で必ず使うようにしています。通じたときの喜びをみなさんにも感じてほしいですね。1日1フレーズ覚えていけば、会話ができるようになります。チリツモですよ！

水卜：この先、もっともっと海外の人とコミュニケーションをとる機会が増えていくと思います。コミュニケーションツールとして英語を学んでおくと、世界が何倍にも広がるので、星星の英語コンテンツをぜひ活用していただけたらうれしいです。

山下：英語が話せたらと思っている人は多いですよね。一緒に勉強していきましょう！

PROFILE

YouTube
も見てね！

一緒に
勉強
していこう！

水卜麻美

MIURA
ASAMI

日本テレビアナウンサー。2010年入社。千葉県出身、おひつじ座、AB型。
『ZIP!』『有吉ゼミ』『午前0時の森』などを担当。
趣味は本を読むこと。特技は、ビートルズのイントロクイズ。

山下健二郎

YAMASHITA
KENJIRO

2010年、三代目J Soul Brothersにパフォーマーとして加入し、「Best Friend's Girl」でデビュー。グループ活動にとどまらず、ラジオ番組のパーソナリティーや、趣味である釣り・DIY・スニーカー・バイクなど多趣味を活かし、自身の趣味を仕事に活動の幅を広げている。
2018年より『ZIP!』の火曜パーソナリティーを担当。

撮影現場レポート！

星星 Teacher フル回転の巻

ふだん見ることのできない
撮影現場から舞台ウラまでまるっと
お見せします！

教室、探しにいくよ〜!!
Let's go !
どこだろー
あっちかな？
こっち
こっち
てくてく

どこでロケやってるか教えて〜
隣です
マジっ!
すいません! 場所、間違えました—
ドンマイ!

気を取り直して撮影スタート!

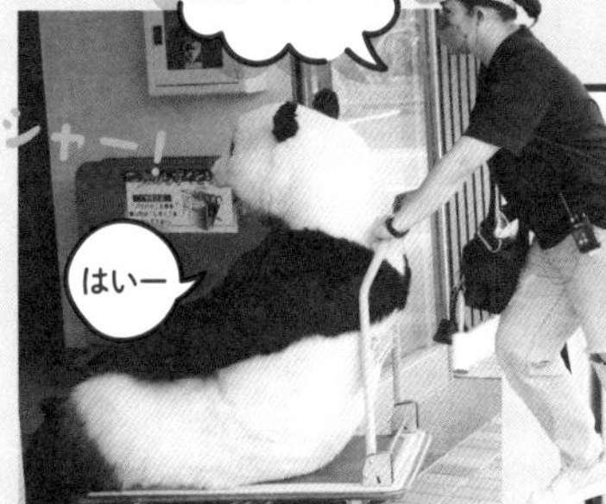

次のロケ場所に移動!

こっそり影練中

束の間のもぐもぐタイム

フル回転の1日でした！

Interview

星星Teacherが舜太へ直撃！インタビュー

英語が大好きという
星星の相棒・舜太。
いろんなことを
舜太に聞いてみたよ。

Q
英語を好きになったきっかけは?

教科の中で英語は役に立つんじゃないかと思って。海外旅行のときや、仕事にもつながるかもしれないと。楽しいからやってみようかなという気持ちでまず英検二級を受けて、そして高校二年の時に準一級に合格したんだ。

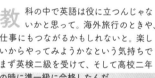

Q 舜太流の英語の勉強法を教えて！

英検準一級を受験するときは、まず単語を覚えたよ。とにかく頭に詰め込んで、散歩しながら覚えるんだ。人間は座っている時より立っている時のほうが頭に入るんだって。あとは繰り返し。英文を解いた時にコレ出たな、とすぐ本を見て、あそこに載ってたなって。書き込んだり、付箋を貼ったりしてたよ。

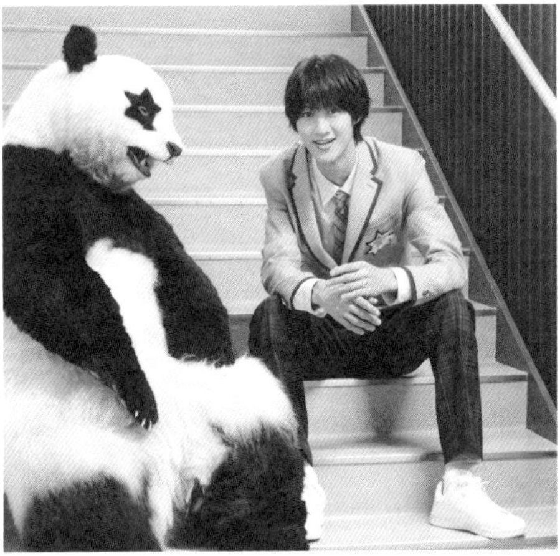

Q 「ベラベラENGLISH 星星 the Teacher」昨日見た？

今朝も見てきたよ〜。ナレーション、もっと明るく言ったほうがいいかな。みんなのTwitterの投稿や、YouTubeの反応も参考にしてる。

Q 撮影で印象的だったことってある??

どこの学校でも最初は静かだよね。撮影が進むにつれて慣れてくるのか、本当のみんなになって。「星星だ〜」「舜太くんだー」って集まってきてくれる。気持ちが上がる！

キャーキャー
言われると……
実は僕もうれしい。

Q みんなにどんなところを見てもらいたい？

学校での僕とみんなのやりとり、僕と星星の絡みをみて、生のリアルな英語を楽しくみてほしいな。ここで使えるんだ、ちょっと使ってみようというきっかけになればとてもうれしいです！

Q 舜太とやってて毎日楽しいけど、今後の野望ってあったりする？

最終的には「海外ベラベラENGLISH」を星星とやれたらなーって。

Profile

曽《その》野《の》 舜《しゅん》太《た》

2002年5月3日生まれ。
20歳。身長181cm。三重県出身。
特技は、英語(英検準1級)、サッカー。
2022年4月から「ベラベラENGLISH 星星the Teacher」レギュラーに抜擢され、星星の相棒、朝の顔として注目を浴びている。役者からアーティストまで枠にとらわれず活動の場を広げて活躍している。5人組ダンスボーカルユニット「M!LK」のメンバーとしても活動中。

How to use

本書の使い方

普段の生活で使える今ドキの表現がいっぱい。
実践的ですぐに使える単語やフレーズを集めたよ。

フレーズについて説明。
使い方についても
ふれているよ。

日本語と英語、
それぞれ覚えたら
チェックをつけよう！

メインフレーズに
関連した単語を紹介。
一緒に覚えておくと役立つよ。

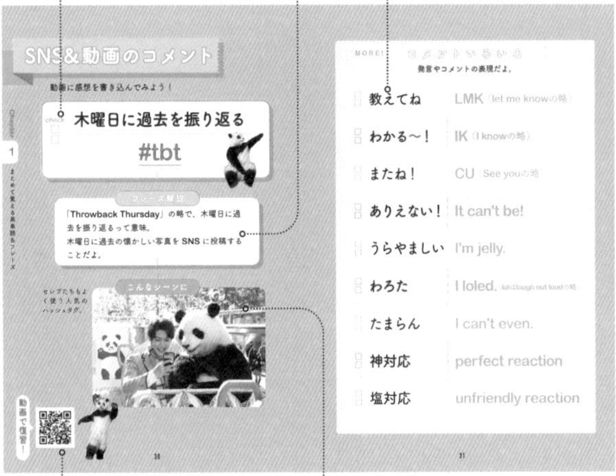

QRコードを読み込んで、
動画で確認。耳で聞いて
発音の精度をあげよう。
声に出して何度も
繰り返すことが覚えるコツ。

使うシーンを星星と
舜太たちが教えてくれる。
例文もチェックして。

Chapter 1

SNS&YouTube用語から
励ましの言葉まで

まとめて覚える英単語&フレーズ

SNS＆動画のコメント、想いを伝える言葉、
人の性格・印象、ケガ・病気などなど。
関連して覚えると一気に英語力が身につきます！

SNS関連の用語

Instagram や **LINE** で使える用語だよ。

check

バズる

go viral

フレーズ解説

viral は「ウイルス性」という意味。
ウイルスのように急速に拡散することから、**SNS** や口コミなどで情報が広まる様子を表すときにも使えるんだ。

こんなシーンに

星星と動画でコラボしたらバズるよ。

動画で復習！

MORE!

SNSいろいろ

フォロー（follow）やツイート（tweet）のほかにも！

炎上する	be flamed
インスタ映えする	instagrammable
返信する	reply
DMを送る	DM~
検索する	search for
引用リツイートする	QRT(Quote-Retweet)
自撮りする	take a selfie
荒らし	troll

YouTube・動画用語

動画関連の用語を集めたよ！

check

夢の共演

dream co-star

フレーズ解説

名詞や動詞の前に **co-** をくっつけると、「共に」「一緒に」という意味が加わるよ。
文字どおりのスター、人気者を表す **star** の前に **co-** があるから、「共演」という表現になるんだね。

こんなシーンに

星星と夢の共演だね！

動画で復習！

MORE! YouTube・動画いろいろ

動画や配信で使う表現だよ。

動画を撮影する	shoot a video
動画を配信する	stream a video
チャンネル登録する	subscribe to a channel
コメントする	leave a comment
再生回数	number of views
登録者数	number of subscribers
お宝映像	rare footage
NGシーン	bloopers
未公開映像	unreleased footage

SNS&動画のコメント

動画に感想を書き込んでみよう！

check
□
□

木曜日に過去を振り返る

#tbt

フレーズ解説

「Throwback Thursday」の略で、木曜日に過去を振り返るって意味。
木曜日に過去の懐かしい写真を SNS に投稿することだよ。

こんなシーンに

セレブたちもよく使う人気のハッシュタグ。

動画で復習！

MORE! コメントいろいろ

発言やコメントの表現だよ。

教えてね	LMK（let me knowの略）
わかる～！	IK（I knowの略）
またね！	CU（See youの略）
ありえない！	It can't be!
うらやましい	I'm jelly.
わろた	I loled.（lolはlaugh out loudの略）
たまらん	I can't even.
神対応	perfect reaction
塩対応	unfriendly reaction

想いを伝える〈励ます言葉〉

友達に一声かけてみよう！

check
□
□

あきらめないで

stick with it

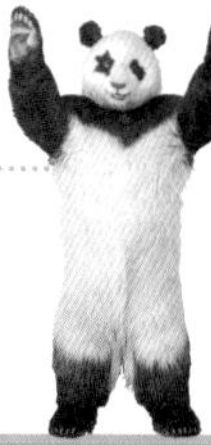

フレーズ解説

動詞としての stick は、「くっついて離れない」「動かない」といった意味。「あきらめないで」と言うときは、stick with it というフレーズを使うんだ。

こんなシーンに

シュートが決まるまで、あきらめないで。部活動や試合などで、がんばろうと励ますときに使えるね。

動画で復習！

MORE! 励ます言葉いろいろ

友達を元気づけるフレーズだよ。

- □ 元気出して！ Cheer up!
- □ 一歩踏み出そう！ Make a move!
- □ 願いをかけて Make a wish.
- □ その調子で！ Way to go!
- □ よくできました！ You're a star!
- □ 幸運を祈ります Best wishes.
- □ めっちゃいい！ It rocked!
- □ 圧倒的にいい It was a killer!
- □ うまくいったぞ！ It works!

想いを伝える〈ポジティブワード〉

ポジティブな表現を集めてみたよ！

check
□
□

とてもうれしい

over the moon

フレーズ解説

直訳すると、**over the moon** は「月の向こう側」。**happy** では表現しきれなくて、月の向こう側まで飛び上がりそうな気持ちをロマンチックに言うときのフレーズなんだ。

こんなシーンに

とてもうれしいことを教えてくれる？

動画で復習！

MORE! ポジティブ感情いろいろ

前向きな言葉を使ってみよう！

やった！	Yass!
冗談だよ～！	Just kidding!
ウケる！	Crack up!
爆死（大きな失敗をすること）	die laughing
やったね！	Score!
よくやった	Hats off to you.
おめでとう！	congrats!
すごい！	Props!
まさか	wanna bet

想いを伝える〈ネガティブワード〉

マイナスな感情表現を使ってみよう。

check
□
□

残念

Too bad.

フレーズ解説

too は強調を表す副詞で、**bad** は「悪い」を表す形容詞。でも、**Too bad.** の意味は「悪すぎる」じゃなくて、「残念」とか「お気の毒」と言うときに使うフレーズなんだ。

こんなシーンに

空がくもっていて残念だね。

動画で復習！

MORE! ネガティブ感情いろいろ

ネガる言葉もかっこいい!?

困っている	in a pickle
やーめた	I fold.
しくった	I blew it.
しんど	I'm beat.
マンネリだわ	in a rut
緊張する	on edge
ありえねー	Dream on.
見込み薄ー	Fat chance.
嘘つくな	Save it.

どんな人？ 人の性格・印象

人の性格・印象・態度を表す言葉。

check
□
□

イケメン

fire

フレーズ解説

fire は文字どおりの「火」のほかに、「カッコいいもの・人」を表す形容詞としても使えるよ。
イケメンと言いたいときは **cool** も使えるけど、**fire** のほうがトレンドな言い方なんだ。

こんなシーンに

脚の長いイケメンだね！

動画で復習！

人物を表現

check

ギャグセン高い

witty

フレーズ解説

日本語でも「ウィットがあるね」という言い方をするね。**wit** は「機知、機転」という意味の名詞。それを形容詞化した **witty** が、「ギャグセン高い」としても使えるよ。

動画で復習！

人物を表現

check

文武両道

well-rounded student

フレーズ解説

rounded には「バランスがいい」という意味も。これを強調する **well-** がくっついて、能力がどの分野でもバランスが取れている、つまり「文武両道」に。

動画で復習！

人物を表現

check

頼りになる人

go-to person

フレーズ解説

ふつう **go to** は、どこかへ行くときに使うけど、この **2** 語が形容詞として使えるって知ってた？形容詞としては「頼りになる」「大黒柱の」という意味があるよ。

動画で復習！

人物を表現

check

謙虚

humble

フレーズ解説

形容詞の **humble** は、「謙虚」や「控えめ」という意味。謙虚な人を紹介するときは、**He**（または **She**）**is humble.** と言ってみよう。

動画で復習！

MORE! 人の性格・印象いろいろ

長所や短所も英語で表現！

□□ 憧れて目標にしている人	role model
□□ コツコツできる	steady
□□ 親しい人	bestie
□□ 優等生	honors student
□□ 読書家	bookworm
□□ おしゃれな	smart
□□ いたずら好き	cheeky
□□ 不器用な人	butterfingers
□□ 落ち着きがない	restless

体のパーツいろいろ

一気に体のパーツを覚えよう！

check

お尻

butt

フレーズ解説

butt は **buttocke** の略。お尻の膨らんでいる部分のこと。**hip** は骨盤のあたりを指します。

こんなシーンに

星星もお尻をトレーニング！

動画で復習！

Nice abs!!
いい腹筋だね!!
顔
face
耳
ear
目
eye
鼻
nose
くち
mouth
手
hand
頭
head
腕
arm
首
neck
肩
shoulder
肘
elbow
胸
chest
わきの下
armpit
背中
back
おなか
stomach
腰
waist
へそ
navel
お尻
butt
ひざ
knee
脚
leg
かかと
heel
足
foot

いろいろな食べ物

果物など知っトク単語をピックアップ！

check

梨

Japanese pear

フレーズ解説

名詞の **pear** は、「ひょうたん型の洋梨」のこと。これに **Japanese** と前置きすれば、日本の梨だと伝わるよ。

こんなシーンに

星星が梨をほしがっているよ。

動画で復習！

MORE!

食べ物いろいろ

果物や野菜を英語で紹介！

□□ みかん	tangerine
□□ すいか	watermelon
□□ くり	chestnut
□□ 長ネギ	Japanese leek
□□ ハクサイ	chinese cabbage
□□ キャベツ	cabbage
□□ 大根	Japanese radish
□□ キュウリ	cucumber
□□ ピーマン	green pepper

いろいろな生き物

動物の上級者英単語を集めたよ！

check □ □

アライグマ

racoon

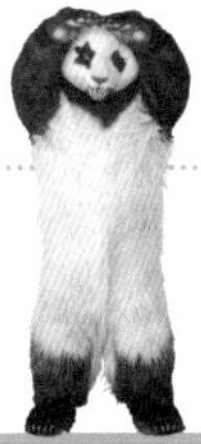

フレーズ解説

英語ではアライグマのことを **racoon** って言うんだ。ちなみに日本のタヌキはアライグマのような見た目だけどイヌ科の動物なので、**racoon dog** って言うよ。

こんなシーンに

アライグマを探してみようか？

動画で復習！

MORE!

生き物いろいろ

意外と出てこない生き物の英単語。

□□ たぬき	racoon dog
□□ カバ	hippopotamus
□□ アシカ	sea lion
□□ サンゴ礁	coral reef
□□ 海藻	seaweed
□□ クラゲ	jellyfish
□□ タツノオトシゴ	sea horse

ケガ・病気

ケガや病気にかかったらぜひ使ってみて！

check
□
□

頭がキーンとする

brain freeze

フレーズ解説

パソコンやスマホが凍ったみたいに動かなくなると、**freeze** と言うよね。
「脳」を表す **brain** を加えて冷たいものを食べて頭がキーンと痛くなることも指すんだ。

こんなシーンに

冷たいものを
食べたときに。

動画で復習！

ケガ・病気を表現

check

足がジーンとする

dead leg

フレーズ解説

形容詞としての **dead** には「死んでいる」のほかに「無感覚の」つまり「しびれる」という意味も。英語では、足がしびれてジーンとすることを **dead leg** と言うんだね。

動画で復習！

ケガ・病気を表現

check

たんこぶ

bump

フレーズ解説

名詞としての **bump** は、「こぶ」「上昇」「盛り上がったところ」などの意味があって、「たんこぶ」と言いたいときも、**bump** を使えば **OK**。

動画で復習！

MORE! ケガ・病気いろいろ

いざというときのために覚えよう！

目の下のクマ	bags
脇腹の痛み	stitch
めまいがする	feel dizzy
寒気がする	feel a chill
かゆい	feel itchy
顔色が悪い	look pale
2回の接種まで受けている	be vaxxed
3回目のワクチン	booster shot
濃厚接触者	a close contact

Chapter 2

身近な場面の
ズバッと英単語！

コレ英語で なんて言う？

「つまみ食い」「ポイ捨て禁止」「あくび」
これ英語でなんて言うかわかりますか？
身近な場面で使う英語を一緒にレッスン！

check

独り占め

all mine

フレーズ解説

直訳すると、**all** は「すべて」、
mine は「自分のもの」。
両方を合わせると「すべて自分のもの」。
つまり、独り占めってこと。

こんなシーンに

It's all mine!
独り占め!

高価なトレーニングマシーンを独り占め!

動画で復習!

check □ □

一致団結

band together

フレーズ解説

直訳すると **band** は「ひも」、
together は「一緒に」。
ひものように結び合うことから、ひとつにまとまるという意味の「一致団結」に。

こんなシーンに

みんなで一致団結して演奏するから
美しい音色が生まれるよ。

動画で復習！

check
□
□

キラキラ笑顔

sparkling smile

フレーズ解説

sparkling は、「きらめく」「光る」という意味の動詞。その **ing** 形を形容詞の代わりに使うと、**sparkling smile**、つまりキラキラ笑顔を表現できるよ。

こんなシーンに

キラキラ笑顔の
写真を撮ろう。

関連表現

sparkling gem	きらめく宝石
sparkling ocean	きらめく海
sparkling water	ソーダ水、発泡水

動画で復習！

check
□
□

つまみ食い

nibble

フレーズ解説

動詞としての **nibble** は「かじる」「少しずつ減る」という意味があるんだ。
英語ではこれを、「つまみ食い」として使うんだね。

こんなシーンに

Don't nibble!
つまみ食いしちゃダメ！

味見のためにこっそり!?

関連表現

pre-dinner nibble	食前の菓子
welcome nibble	おつまみ

動画で復習！

check
□
□

おまんじゅう

Japanese sweet bun

フレーズ解説

bun は「丸い形のパン」という意味。日本のおまんじゅうも丸い形をしているけど、甘いあんこが中に入っているね。だから、こうやって表現するんだ。

こんなシーンに

地域のお店と協力して白あんが入ったおまんじゅうを売っています。

関連表現

soft candy	ラムネ菓子
rice cracker	せんべい
rice cake	もち
snack	スナック菓子

動画で復習!

check

□

□

ハンバーグ

meatloaf

フレーズ解説

みんなが大好きなハンバーグ。海外ではそのまま「ハンバーグ」とは言わないので注意！

「**hamburgsteak** ＝ハンバーグステーキ」は海外でも通じるよ。

こんなシーンに

友達と「さわやか」のハンバーグを食べに行きます。

動画で復習！

check

忘れられない思い出

lasting memories

フレーズ解説

「最後」「最近の」などを意味する **last** は、動詞だと「続く」という意味。その **ing** 形を形容詞の代わりに使うと「続く思い出」。「忘れられない思い出」になるんだ。

こんなシーンに

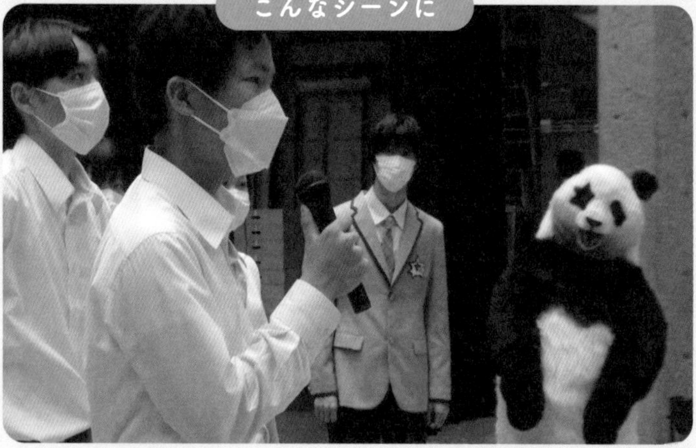

忘れられない思い出を作ります。

動画で復習!

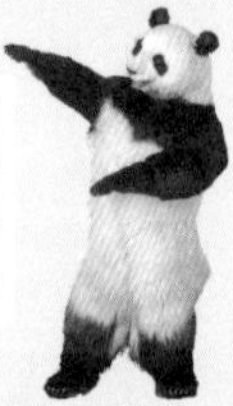

check

絶対音感

perfect pitch

フレーズ解説

もともと **pitch** は「幅」という意味だけど音楽の世界では音と音の幅を **pitch**、つまり「音程」というんだ。これが完璧だと「絶対音感」になるんだね。

こんなシーンに

この子は絶対音感があるのかな？

動画で復習！

check
□
□

トランプ

cards

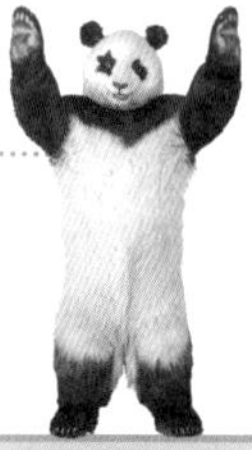

フレーズ解説

トランプのカードはたくさんあるね。
だから英語では、トランプのことを
cards っていうんだ。
複数形の **s** を忘れずに。

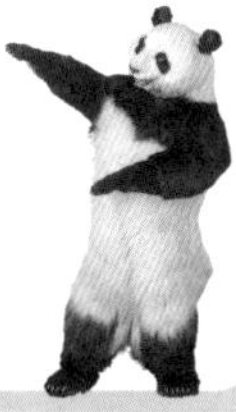

こんなシーンに

トランプをしながら
英語を楽しく学ぼう。

関連表現

trump card	切り札、奥の手
flower cards	花札
Japanese cards	かるた

動画で復習!

check

□

□

ポイ捨て禁止

no littering

フレーズ解説

litter には名詞と動詞の **2** つの使い方があって、名詞だと「ゴミ」。
動詞だと「散らかす」、つまり「ポイ捨て」という意味になるんだ。

こんなシーンに

ポイ捨て禁止の旗を作りました。

動画で復習！

check
□
□

ちりとり

dustpan

フレーズ解説

直訳すると、**dust** は「ほこり」、**pan** は「受け皿」。両方を合わせると、掃除道具の「ちりとり」になるんだね。

こんなシーンに

掃除の真っ最中。
ちりとりでごみを取ります。

動画で復習！

関連表現

broom	ホウキ
garbage box	ゴミ箱

check
□
□

傑作

masterpiece

フレーズ解説

master は「名人」で、**piece** は「ひとかけら」。両方を合わせると「名人のひとかけら」、つまり「名作」や「傑作」という意味に。

こんなシーンに

「この絵は傑作だね」。海外で美術館めぐりするときに使えるワードだね。

動画で復習！

check
□
□

ポンポン

pompon

フレーズ解説

チアダンスの際に使われるポンポン。
英語でもそのまま **pompon** で通じるよ。
ただし、**2** つセットのときは複数形の
pompons になるから気をつけよう。

こんなシーンに

両手に pompons を持って踊ってみたよ。

動画で復習!

check
□
□

ピンセット

tweezers

フレーズ解説

小さいものをつかむ **pincette** は、実はフランスの単語。英語圏で「ピンセット」と言っても伝わらないので、**tweezers** と覚えよう。

こんなシーンに

ピンセットを使ってエサやりに挑戦！

動画で復習！

check

段ボール

cardboard box

フレーズ解説

段ボールは厚紙でできた箱。つまり「厚紙」という意味の **cardboard** と、「箱」を表す **box** の **2** 語で「段ボール」を表せるよ。

こんなシーンに

Can I get a cardboard box?
段ボールをもらえますか？

段ボールを丸めて何か作る !?

関連表現

cardboard cup	紙コップ
cardboard sheet	厚紙シート

動画で復習！

check

自由研究

independent study

フレーズ解説

直訳すると、**independent** は「独立した・自主的な」という意味の形容詞。これと、「勉強」「研究」などを表す **study** の **2** 語で「自由研究」という言葉になるよ。

こんなシーン に

夏休みの自由研究ができたよ。

関連表現

independent book	単行本
independent culture	独自の文化
independent heart	自立心

動画で復習！

check
□
□

寝癖

bed head

フレーズ解説

直訳すると **bed** は「ベッド」、
head は「頭」。
この **2** 語で「ベッドから起きたままの頭」、
つまり「寝癖」を表せるよ。

こんなシーンに

後頭部に寝癖がついているね。

動画で復習！

check

あくび

yawn

フレーズ解説

英語で「あくび」は、**yawn**と言って、名詞としても動詞としても使えるよ。発音の仕方は文字どおりに、あくびをするように！

こんなシーンに

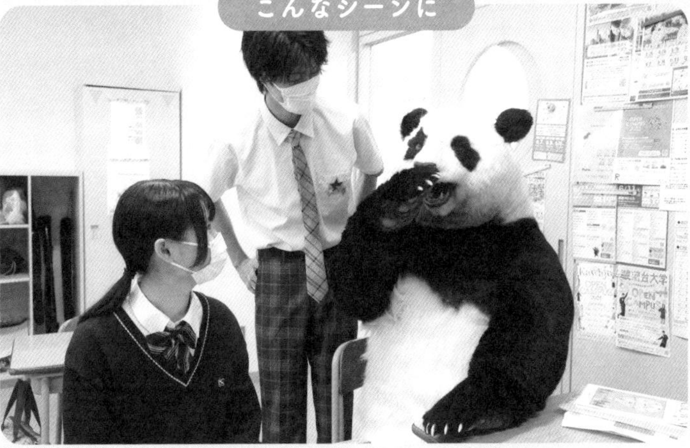

授業中、眠くなってついあくび……なんてことあるよね。

動画で復習！

check
□
□

チーク

blush

フレーズ解説

日本ではメイク道具の「ほお紅」を **cheek** っていうけど、これは「頬《ほお》」。体の部分を表すワード。英語で頬紅と言いたいときは、「顔を赤らめる」という意味の **blush** を使うんだ。

こんなシーンに

チークでお化粧を仕上げます。

動画で復習!

check
□
□

船酔い

seasick

フレーズ解説

sick は「病気の」「気分が悪い」「うんざりする」「ムカつく」「ヤバい」とか、いろいろな使い方ができる単語。その前に「海」を表す **sea** がくっつくと **seasick**、つまり「船酔い」になるんだ。

こんなシーンに

船酔いしてしまったよ。ちなみに shipsick とは言わないので気をつけて。

動画で復習！

check

スポーツ刈り

buzz cut

フレーズ解説

バリカンのスイッチを入れると、ブーンという音が聞こえるよね。**buzz** は、まさにそんな音を表す単語。これと「散髪」を表す **cut** の **2** 語でスポーツ刈り。

こんなシーンに

バリカンを使って短く刈りこんだ
ヘアスタイル! キマってるね!

動画で復習!

check
□
□

側転

cartwheel

フレーズ解説

直訳すると、**cart** は「荷車」、**wheel** は「車輪」。側転の動きはまるで荷車の車輪みたいだから、この **2** 語がくっついて **cartwheel** と呼ばれるようになったんだ。

こんなシーンに

足をピンと立てて回ってね！
きれいな側転だね。

動画で復習！

check □ □

肉球

paw pads

フレーズ解説

直訳すると、**paw** は「動物の足」、**pads** は「やわらかい詰め物」のこと。この **2** 語だけで「肉球」を表せるよ。

こんなシーンに

Show me your paw pads.
肉球を見せて！

秘密を知られてしまった！

関連表現

back paw	後ろ足
front paw	前足
paw mark	（動物の）足跡

動画で復習！

check

新種

new species

フレーズ解説

species は、動物や植物の種という意味の名詞。その前に **new** を置くと、初めて発見された動植物、つまり「新種」になるんだ。

こんなシーンに

They found a new shrimp species.

彼らは新種のエビを見つけた。

これは、ついに世界的発見!?

動画で復習!

check
☐
☐

園芸の才能

green thumb

フレーズ解説

直訳すると、**green** は「緑色」、**thumb** は「親指」。つまり「園芸の才能」は、親指が緑色になるほど植物をいじっているという表現にちなむものなんだ。

こんなシーンに

きれいな花を咲かせたね。園芸の才能があるよ。

動画で復習！

check

□
□

温室

greenhouse

フレーズ解説

英語の **greenhouse** は野菜や果物のような緑色のものを育てる家、つまり「温室」のこと。**hot room** は単に「暑い部屋」を指すので注意！

こんなシーンに

温室の中にブドウがあるね。

動画で復習！

check
□
□

養殖

aquaculture

フレーズ解説

aqua はラテン語由来の単語で、「水」という意味。その後ろに「文化」を表す **culture** をくっつけると、英語で「養殖」という意味になるんだ。

こんなシーンに

養殖した魚を三枚におろし中。
ちなみに農業は agriculture。

動画で復習！

check

ランウェイ

catwalk

フレーズ解説

ネコは高い場所に上がるのが好きだよね。もともとの **catwalk** の意味は、高いところにある細長い通路だけど、ファッションショーでモデルさんが歩くランウェイのことも表すんだ。

こんなシーンに

モデル気分でランウェイを歩くよ。ちなみに英語の runway には「花道」だけじゃなく、空港の「滑走路」という意味もあるよ。

動画で復習！

check

オーダーメイド

custom made

フレーズ解説

オーダーメイドって実は和製英語。誰かのために特別に注文した品、つまりオーダーメイドと英語で言うときは、「特注の」という形容詞の **custom** を使うんだ。

こんなシーンに

この服はオーダーメイドだよ。

動画で復習!

check
□
□

パーカ

hoodie

フレーズ解説

日本でよく見るパーカ、つまりフード付きのスウェットは英語では **hoodie** って言うんだ。文字どおりの **parka** は英語だと「フード付き防寒着」なので気をつけて。

こんなシーンに

僕もパーカを着たらもっとかっこいい？

動画で復習！

check
□
□

ダウンジャケット

puffer jacket

フレーズ解説

puffer は、「ふわっとふくれたもの」を表す名詞。衣類の **jacket** の **2** 語で、ふわふわであったかいダウンジャケットを表すんだ。**down jacket** よりも、**puffer jacket** のほうがこなれた言い方だよ。

こんなシーンに

星星に似合うダウンジャケットを考えたよ。

動画で復習!

check
□
□

マフラー

scarf

フレーズ解説

日本語と違って、英語の **muffler** は「音を抑えるもの」、つまり車やバイクの排気口を表すんだ。防寒着のマフラーのことを、英語圏では **scarf** って言うんだ。

こんなシーンに

星星にマフラーは必要？

動画で復習！

check
☐
☐

ニット帽

beanie

フレーズ解説

つばのないニット帽は、楕円形の豆みたいに見えない？　このため、英語ではニット帽のことを「豆」を表す **bean** にちなんで、**beanie** と言うんだ。**knit cap** よりも **beanie** のほうがこなれた言い方だよ。

こんなシーンに

お気に入りのニット帽！

動画で復習！

関連表現

hat	つばのある帽子
cap	つばのない帽子

check

キレイな景色

scenic

フレーズ解説

scene は、「場面」「風景」などを表す名詞で、日本にもカタカナ言葉として定着しているけど、これが形容詞化した **scenic** は「眺めが美しい」という意味なんだ。

こんなシーンに

キレイな街並み。まるで映画のワンシーン !?

動画で復習！

check
□
□

支配人

manager

フレーズ解説

manage は、「管理する」「経営する」という意味の動詞。動詞の後ろに「**er**」をくっつけると、「〜する人」「〜するもの」の意味に。

こんなシーンに

星星は manager にもなれるね。

動画で復習!

check

仕送り

care package

フレーズ解説

直訳すると、**care** は「気遣い」、
package は「荷物」。
この **2** 語で「気持ちが詰まった荷物」、
つまり「仕送り」を表せるんだ。

こんなシーンに

親から仕送りをもらいました。

動画で復習！

check
□
□

0対0

nil-nil

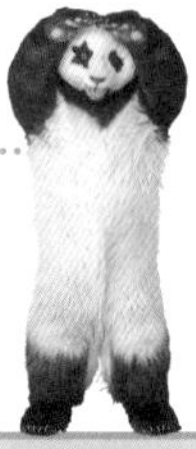

フレーズ解説

nil は、おもにイギリスで使われる「ゼロ」「なし」という意味の名詞。サッカー発祥の国イギリスでは得点がゼロと言うときに **zero** ではなく **nil** を使うんだね。アメリカでは **zero** や **nothing** を使うよ。

こんなシーンに

0対0の拮抗した試合から、ついに得点!

動画で復習!

Chapter 3

普段よく使う日本語を
英語で！

英語で
どう表現する?

「イエローカードだ！」「ぶっつけ本番」
「うまっ！」「出発！」「ハモる」などなど
よく使う日本語を英語に置き換えてみよう！

check
□
□

あるある

all the time

フレーズ解説

直訳すると、**all the time** は「いつも」「四六時中」「ひっきりなしに」といった意味。これが、「いつもだね」「あるあるだね」という返事やあいづちとして使えるんだ。

こんなシーンに

合唱部のあるあるって何かな？

関連表現

all-time	史上最高の
at a time	一度に、同時に
at that time	あのとき、当時
on time	時間どおりに

動画で復習！

check

ハモる

harmonize

フレーズ解説

名詞や形容詞の後ろに「**ize**」をくっつけると動詞ができるんだ。「調和」を表す名詞の **harmony** のように末尾に **y** がある単語は、**y** を取ってから、「**ize**」をくっつけること。

こんなシーンに

星星の指揮でハモったよ。

関連表現

finalize	仕上げる、決着をつける
memorize	暗記する、記憶する

動画で復習！

check
□
□

おしゃべり

chit chat

フレーズ解説

chit は「子ども」「メモ」といった意味で、**chat** は「おしゃべり」「雑談」。この **2** 語で、友達同士の気軽なおしゃべりを表すんだ。**speak** や **talk** よりも他愛のない会話というニュアンス。

こんなシーンに

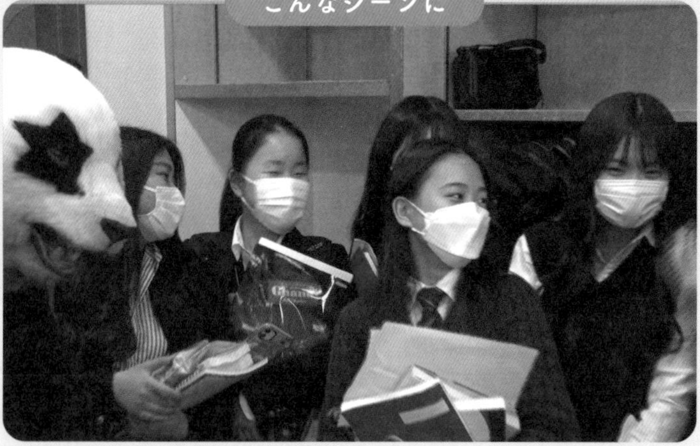

星星と一緒におしゃべりしたよ。

動画で復習！

check
☐
☐

ウロウロする

dilly-dally

フレーズ解説

直訳すると、**dilly-dally** は「ぐずぐずする」「時間を浪費する」という意味。
「だらだらする」「ぶらぶら過ごす」と言いたいときにも使えるよ。

こんなシーンに

Don't dilly-dally.
ぐずぐずしないで。

親が子どもに
言うときによく使うよ。

動画で復習！

check
□
□

息がぴったり

in sync

フレーズ解説

sync は「同時」「同期」という意味の名詞で、もともとは **synchronize** という動詞を短くしたもの。前置詞の **in** と、**sync** の **2** 語で、「息がぴったり」になるよ。

こんなシーンに

They're moving in sync.
みんなの息がぴったり。

和製英語の「シンクロ」は
英語圏では通じないから注意!

動画で復習!

check
□
□

あっと驚く

jaw-dropping

フレーズ解説

直訳すると、**jaw-dropping** は「下あごの落下」。つまり、**jaw-dropping** は驚きのあまり口があんぐりと開き、下あごが落っこちそうな状態を表す形容表現なんだ。

こんなシーン に

空振り！　あっと驚く一球です。

動画で復習！

check
□
□

取り扱い注意

handle with care

フレーズ解説

handle は「扱う」という意味の動詞で、名詞としての **care** は「注意」「配慮」などの意味。この **2** 語の間に **with** を置くと、「取り扱い注意」になるんだ。

こんなシーンに

小型ロボットは取り扱い注意だからね。

動画で復習!

check
□
□

じっとして

Stay still.

フレーズ解説

stay は「その場所にとどまる」という意味の動詞で、形容詞としての **still** は「静止した」という意味。この **2** 語で「じっとして」と表現できるよ。写真を撮るときなどに使うフレーズだね。

こんなシーンに

星星、絵を描くときはじっとしてね。

Stay still.
じっとして。

関連表現

here to stay	普及している
stay healthy	健康を保つ
stay home	在宅する、家にいる
stay the course	最後までやり抜く

動画で復習！

check
□
□

なじむ

blend in

フレーズ解説

コーヒーなどでよく聞く **blend** は「混ぜ合わせる」という意味の動詞。その後ろに **in** を置くと、うまく混ざり合った状態、つまり「なじむ」という表現ができるよ。これで新しいクラスにも溶け込めるね。

こんなシーンに

人見知りの子でも星星となじんだよ。

動画で復習!

check

□

□

大声を出す

raise your voice

フレーズ解説

動詞の **raise** は何かを「持ち上げる」「起こす」のほかに声を「出す」「張り上げる」ときにも使えるんだ。**raise your voice** はスポーツで「大声を出す」だけじゃなく、「苦情を言う」「抗議する」ときにも使うよ。

こんなシーンに

剣道では大声を出すことが大切なんだって。

関連表現

raise an eyebrow	人を驚かす
raise hell	問題を起こす
raise the roof	カンカンに怒る

動画で復習!

check
□
□

もう1回

round two

フレーズ解説

動詞としての **round** は「回る」という意味で、**two** は文字どおりの「**2**」。この **2** 語で「もう 1 回」って意味になるんだ。スポーツでも **2** ラウンド目のことを、**round two** って言うよね。

こんなシーンに

Let's go round two.
もう1回やっちゃう?

ゲームなどで「2回戦やっちゃう?」というときに使うよ。

動画で復習!

check
□
□

手を返す

flip your hand

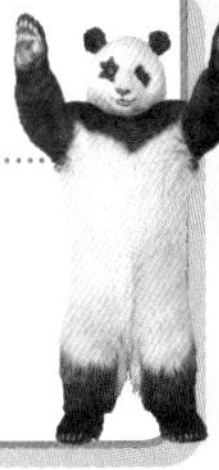

フレーズ解説

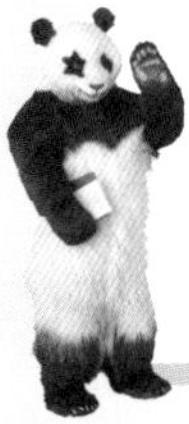

動詞としての **flip** は「裏返す」「ひっくり返す」という意味。本のページをめくるときや、踊りながら手のひらを返すときも、英語では **flip** を使うんだ。

こんなシーンに

阿波踊りは、こうやって手のひらを返すんだ。

動画で復習!

check
□
□

参加して

join us

フレーズ解説

動詞としての **join** は「加わる」「結びつける」という意味。自分たちのグループに英語で「参加して」と誘いたいときは、**join us** と言えば **OK** だよ。

こんなシーンに

Join our Broadcasting club.
放送部に参加して。

部員を募集するときに使ってみて。

動画で復習！

check
□
□

飛び入り参加

jump in

フレーズ解説

もともと **jump in** は「飛び込む」というフレーズだけど、何かをしているところに入り込む、つまり「飛び入り参加」を表せるんだよ。

こんなシーンに

I wanna jump in!
飛び入り参加したい！

みんなの輪の中に入りたいときに使ってみよう。

動画で復習！

check
□
□

協力する

hand in hand

フレーズ解説

直訳すると、**hand in hand** は「手と手をつなぐ」。これで「協力する」という表現になるんだ。誰かに協力してほしいときに使ってみよう。

こんなシーンに

Let's join hand in hand.
協力しましょう。

人に何か協力してほしいときに使ってみて。

動画で復習!

関連表現

hand down	伝える、言い渡す
hand out	配る、手渡しする

check
□
□

願いが叶う

wishes come true

フレーズ解説

wishes は「願い」を表す **wish** の複数形。**come true** は何かが現実になる、つまり「叶う」という意味。「夢が叶う」と言いたいときは、**wishes** を **dreams** に変えると、**dreams come true** になるよ。

こんなシーンに

ゴールを決めたら願いが叶うかな？

動画で復習！

check □ □

引っかかる

stuck

フレーズ解説

「あきらめないで」の例文で、**stick** という単語が出てきたね。これを形容詞化したものが、**stuck** なんだ。もともと **stuck** には「引っかかる」「固い」といった意味があるよ。

こんなシーンに

引っかかって抜け出せない。助けて～。

動画で復習！

check

ぶっつけ本番の

off the cuff

フレーズ解説

昔の俳優さんや演説する人は、しゃべる内容を忘れないようにシャツの袖口にメモ書きをしていたらしいよ。このため、「シャツの袖口」を表す名詞の **cuff** が含まれているんだ。

こんなシーンに

ぶっつけ本番でファッションショーに挑戦だ！

動画で復習！

check
□
□

楽しんで！

Have a blast!

フレーズ解説

名詞としての **blast** には、「爆発」だけじゃなく「楽しい時間」という意味もあるんだ。**Have a nice day.** よりも、**Have a blast!** のほうが「楽しんで！」という気持ちを強く伝えることができるよ。

こんなシーンに

日本での旅行を楽しんでね！

動画で復習！

check

もっと寄って

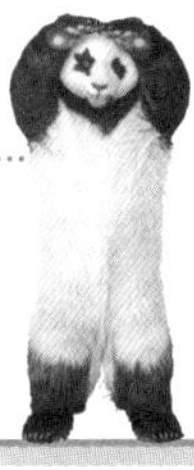

squeeze in

フレーズ解説

野球でバントをして**1**点をもぎ取るプレーをスクイズと言うよね。その由来になった動詞が**squeeze**で「絞る」「押し込む」という意味が。その後ろに前置詞の**in**を並べると、「詰めて」というフレーズに。

こんなシーンに

記念撮影中。もっと近くに寄って！

動画で復習！

check
□
□

出発！

We're off!

フレーズ解説

～% **off** という値段表示は割り引きを表すけど、**off** は「その場から離れる」という表現にも使えるんだ。だから **We're off!** で「私たちは離れる！」つまり「出発！」になるんだね。

こんなシーンに

これから東京の街を観光だ！

動画で復習！

check
□
□

元気です

I'm well.

フレーズ解説

I'm fine. 以外の答え方があるって知ってる？それは **fine** を **well** に変えた、**I'm well.** というフレーズ。**I'm fine.** と意味は同じだけど、面接試験のようなフォーマルなときは **I'm well.** がおすすめだよ。

こんなシーンに

How are you? と聞かれたときに。

動画で復習！

check
□
□

耳抜きして

try popping

フレーズ解説

シャンパンのコルク栓を抜くと、ポンという音がするよね。**pop** は、そんな音が鳴ることを表す動詞。**try popping** は、この **pop** を **-ing** 形にして名詞代わりに使ったフレーズなんだ。

こんなシーンに

Try popping **your ears.**
耳抜きして。

飛行機に乗って耳がキーンと痛くなったとき、耳抜きをするといいよ。

動画で復習！

関連表現

eye-popping	目の玉が飛び出るような
finger-popping	指を鳴らしたくなるような

check
□
□

シートベルトを締めて

Fasten your seatbelt.

フレーズ解説

fasten は「締める」という意味の動詞。車や飛行機など、さまざまな乗り物に乗るときに使えるフレーズだね。

こんなシーンに

Fasten your seatbelt.
シートベルトを締めて。

飛行機に乗ったらシートベルトを締めよう。

動画で復習！

check
□
□

イエローカードだ！

Book him!

フレーズ解説

サッカーの審判は、イエローカードなど警告を出したら、小さなノートに記録するって知ってた？　動詞としての **book** は、「記入する」「予約する」だけじゃなく「警告を出す」という意味でも使えるんだね。

こんなシーンに

Book him!
イエローカードだ！

警告！　今の君の行為はイエローカードだよ。

動画で復習！

check
□
□

応援する

root for

フレーズ解説

動詞としての **root** は、文字どおりの「根ざす」のほかに、「応援する」と言いたいときにも使えるんだ。その場合は、前置詞の **for** を忘れずに。「どこのチームのファン？」は **Who do you root for?**

こんなシーンに

I'm rooting for Japan.
日本を応援しているよ。

がんばれニッポン！

動画で復習！

check
□
□

入った！

He scores!

フレーズ解説

score は「成績」「得点」「楽譜」などの意味がある名詞だと習ったよね？　動詞としての **score** は「得点する」という意味。だから誰かがスポーツで点を入れたら、**He**（または **She**）**scores!** と言うんだね。

こんなシーンに

He scores!
入った！

フリーキックでいざシュート！ゴール！

動画で復習！

check
□
□

スーパーシュート！

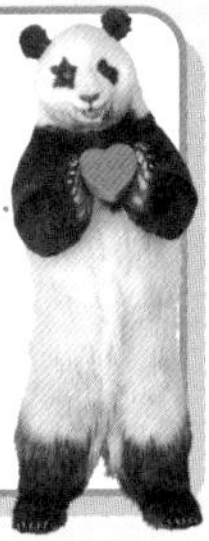

What a screamer!

フレーズ解説

What a ～の後ろに名詞を置くと、「なんて～なんだ！」という驚きを表すフレーズ。**screamer** は直訳すると「叫ぶ人」。観客が叫び声を上げるほどのスーパーシュートは **What a screamer!**

こんなシーンに

驚くようなすごいゴールが
決まったときに言ってみて。

動画で復習！

check
□
□

圧倒された

blew my mind

フレーズ解説

もともと **blow** は「吹く」とか「飛ぶ」という意味の動詞で、これを過去形にしたものが **blew**。そして **my mind** は「私の心」だから、**blew my mind** を直訳すると「私の心が吹き飛んだ」。

こんなシーンに

太鼓での圧倒的なパフォーマンス！　英語ではこんなふうに、「圧倒された」「度肝を抜かれた」という気持ちを表すんだね。

関連表現

blow a fuse	カンカンに怒る
blow a horn	管楽器を吹く
blow a siren	サイレンを鳴らす

動画で復習！

check

☐
☐

うまっ！

Delish!

フレーズ解説

delish は、「おいしい」という意味の形容詞の **delicious** を縮めてカジュアルにしたワード。これで **delicious** よりもくだけた、「うまっ」というニュアンスを表現できるね。

こんなシーンに

「#delish」とすれば
SNSに投稿するときに使えるよ！

動画で復習！

check
□
□

ジムに行く

Hit the gym.

フレーズ解説

Go to the gym. も「ジムに行く」という意味だけど、部活仲間や友達同士の会話では、**Hit the gym.** を使うんだ。動詞としての **hit** は「打つ」だけじゃなく、動作を表すこともできるんだね。

こんなシーンに

部活の仲間や親しい友人に使う言葉だよ。

動画で復習!

関連表現

hit the dirt	滑り込む
hit the road	出発する
hit the sack	寝る

check

□
□

軽く泳ぐ

take a dip

フレーズ解説

dip は何かを沈めたり、ひたしたりすることを指す名詞。日本語でも食事中に、「ディップする」と言うよね。この dip を使うと、「ひと泳ぎする」「軽く泳ぐ」という表現ができるんだ。

こんなシーンに

Take a dip.
ひと泳ぎしよ。

温泉などで「ひと風呂浴びる」と言いたい時にも使えるよ。

動画で復習！

check
□
□

いい波が来てる

surf's up

フレーズ解説

直訳すると、**surf's up** は「波が立った」。つまり、**surf's up** は「サーフィンするのによいタイミング」という意味のフレーズで、「いい波が来てる」って言いたいときにも使えるんだ。

こんなシーンに

いい波が来ている
ときに使ってね。

関連表現

surf a wave	サーフィンをする
surf fishing	磯釣り
surf the Internet	ネットサーフィンをする
channel-surf	テレビのザッピングをする

動画で復習！

check
□
□

地元で人気

local favorite

フレーズ解説

local は「地元の」という形容詞で、名詞としての **favorite** は「お気に入り」「大好きなもの」という意味。この **2** 語を使って、「地元で人気」という表現をするんだ。

こんなシーンに

This bakery is a local favorite.

このパン店は地元で人気。

観光客など人にすすめたいときに。

動画で復習！

check
□
□

地元のものを使った

locally sourced

フレーズ解説

前ページの local に「ly」をくっつけると、locally という副詞に。sourced は、「調達する」という動詞の source の後ろに「ed」をくっつけたもの。2つで「地元のものを使った」という表現になるんだね。

こんなシーンに

地元の名産品を紹介するときに。

動画で復習！

関連表現

locally caught fish	地元で捕れる魚
sourced information	出典付きの情報

check

□

□

海の豊かさを守ろう

Life below water

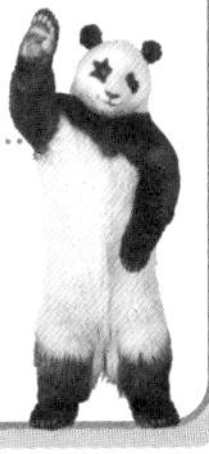

フレーズ解説

直訳すると、**Life below water**は「水の下の生き物」。つまり魚をはじめとする海の生き物すべてを表すんだけど、**SDGs**の**14**番目の目標では「海の豊かさを守ろう」という意味で使われているんだ。

こんなシーンに

Life below water.
海の豊かさを守ろう。

関連表現

above the average	平均より上の
below the average	平均より下の

動画で復習！

check
□
□

陸の豊かさも守ろう

Life on land

フレーズ解説

直訳すると、**Life on land** は「陸の上の生き物」。つまり陸上で暮らす動物や植物、昆虫などを表すんだけど、**SDGs** の **15** 番目の目標では「陸の豊かさも守ろう」という意味で使われているよ。

こんなシーンに

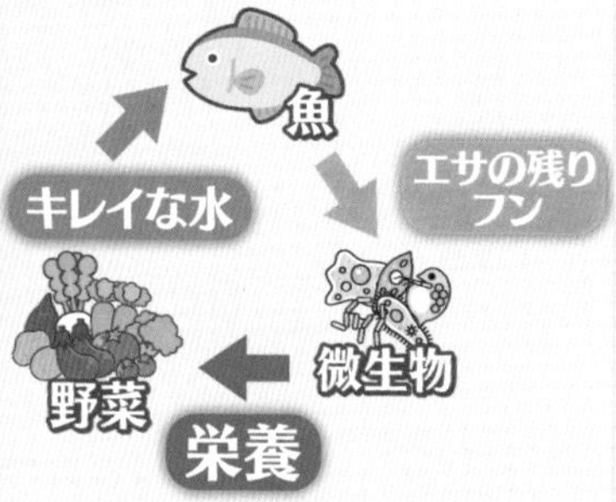

Life on land.
陸の豊かさも守ろう。

動画で復習!

Interview

忽滑谷《ぬかりや》こころアナ
に聞く
英語を覚えるコツって？

日本にいながらにして英語を勉強したという
ZIP！ファミリーの忽滑谷こころアナウンサー。
英語上達の秘訣を伺いました！

忽滑谷アナの英語ヒストリー

――英語に目覚めたきっかけを教えてください。

高校生のときに姉妹校があるシカゴに1か月のホームステイをしました。当時は、言いたいことを一方通行で投げることはできても、相手から返ってきた言葉を100％理解して返すことができなかったんです。意味を調べたり、現地の人に聞いたり、ひとつひとつ学んでいきました。

――そのときに印象に残った英語ってありますか？

「心配しないで」は、学校では「Don’t worry.」と習いますよね。でも現地では誰も使っていなくて（笑）。「No worry.」と使っていたんです。それがすごくカッコよくって。ほかにも会話が盛り上がってるけど、切り上げたい場面で「そろそろ行かなくちゃ」の「I have to go.」というフレーズも「have to」と学校では習ってたんですが、現地では「I got to go.」と使ってました。生きた英語ってこういうことなんだって感動しました。

――英語を学んでいてよかったことは？

アナウンサーの仕事をしていると海外の方にインタビューする機

番組コーナーでも大活躍！ 星星と一緒にレッスン！

番組内では星星との共演も。（P85とP100を参照！）

会が多いので、英語を勉強してきて本当によかったと思います。映画『ファンタスティック・ビースト』エディ・レッドメインさん。大スターなのに、スタッフにも気を遣っていただいて。『トップガン マーヴェリック』のトム・クルーズさん、『ブレット・トレイン』のブラッド・ピットさんにもインタビューさせていただき、アナウンサー冥利につきます（笑）。メディア取材は各社が順番に行い、時間制限があるので、英語で直接やりとりができると時短にもなり、多くの質問ができます。情報もたくさん得られますし、打ち解け度合いも変わってきますね。

　通訳を介するとどうしても時間が倍かかってしまいますから。

街中の英単語を
ケータイのメモに

――英語を覚える時のコツってありますか？

　知識を蓄えたいということなら単語の数を増やすのが一番効果的だと思います。単語を並べればなんとか伝わりますし。最初の段階はとにかく単語をインプットするといいと思います。海外の方と楽しくコミュニケーションが取れるようになりたいという目的であれば生きた英語を聞いて何でも口に出すことかな。フレーズをまるごと覚えたり、海外ドラマを見てシチュエーションごと覚えたりするのもいいと思います。こういうキャラの人はこういう場面でこんな言葉使うんだと。目からも耳からも、吸収して、どんどん積み上げていくといいと思います。

――やってみてよかったという勉強法を教えてください。

　携帯電話のメモ機能に街中で見かけたわからない英単語をメモしています。私はノートを作っても持ち歩かないタイプなので。メモしてあとで調べる。1回見ただけでは忘れるので何度も見返すことができるようにして。同じ単語に3～4回遭遇すると覚えていきます。手帳でもいいと思います。すぐにメモできてぱっと見られるものでやってみてください。

――ネイティブのような発音はどうすれば身につけられますか？

　ＴＶのニュース番組で、日本人で英語の発音がきれいな方や海外のニュースキャスターの話し方を見て勉強しています。ここをつなげるとネイティブっぽく聞こえるんだとか、ここで区切るんだとか。音声を聞いて、復唱するというシャドーイングをしています。とにかく発声して真似をする。同時にリスニングの勉強。そこでわからない単語があると調べてボキャブラリーをストックして。一度に複合的な勉強ができます。

スキマ時間で
毎日学べる！

——番組で出てきたフレーズで役立った言葉はありましたか？

「絶対見てね」「お見逃しなく」という意味の「Don't miss it.」や「Check it out.」。これらはよく聞く言葉だし、知ってはいたんですけど、それ以外の言い方をしてみましょうという回があって。そこで出てきたフレーズが「Definitely worth a look.」。それぞれの単語は知ってはいましたが、フレーズとしてつなげると、こんなにカッコいい言いまわしになるんだとはじめて知りました。今では海外の友人と会話するときにも使っています。もっとかっこよく言うなら、ネイティブはこう言いますというのを教えてくれる。単語帳だけで学習していても学べないことですね。理解の一歩先、使えるようになるコツが番組に詰まっていると思います。

——コーナーのいいところを教えてください。

日本語で思い浮かんだ文章を英語に変換するとちょっと堅苦しくなってしまいますが、星星はフレーズで教えてくれるのでそのままシーンに合わせて使うと会話も弾む。海外の人とのコミュニケーションに実際に使えます。生きた英語を朝のちょっとしたスキマ時間に学べる、とてもいいコーナーだなと思っています。

インプットするだけじゃなくて、声に出して言ってみると定着度が変わってくると思います。そして、毎回出てきた単語をノートにメモしていくと一年後にはかなりボキャブラリーが増えます。毎日の積み重ねが大事ですよね。

忽滑谷こころ
NUKARIYA KOKORO

日本テレビアナウンサー。1998年2月生まれ、神奈川県出身。O型。2020年、日本テレビに入社。

Chapter 4

ちょっとかっこいい！

3語以内のフレーズ

「一口どうぞ！」「ウキウキする」「おなかパンパン」
英語で言うとかっこいいフレーズを集めたよ。
3語以内だからそのまま覚えてしまおう！

check
□
□

起きてる？

Are you up?

フレーズ解説

動画で復習！

「あなたは～ですか？」と尋ねる **Are you** ～の後ろに、「上」を表す **up** を並べたフレーズ。夜遅くに連絡するようなときに使うと、気遣いのある感じになるよ。

check
□
□

一口どうぞ！

Have a bite!

フレーズ解説

動画で復習！

動詞としての **bite** の意味は「噛む」だけど、名詞の「一口」としても使えるんだ。友達に食べ物を一口あげるときに使えるフレーズだよ。

check

どうぞ

Go ahead.

フレーズ解説

動画で復習！

直訳すると「先へ進む」だけど、「どうぞ」「いいですよ」というと意味でも使えるフレーズ。強い口調だと「いけ！」「やれ！」という感じになるので気をつけよう。

check

じっとして！

Hold it!

フレーズ解説

動画で復習！

hold は「持つ」「支える」などいろいろな意味のある動詞だけど、**Hold it!** は「その状態を保って」というフレーズ。英語ではこれで「じっとして」になるんだ。

check
□
□

落ち着いて

Hold your horses.

動画で復習!

フレーズ解説

horses は「馬」の複数形で、**hold** は「持つ」。直訳すると「馬の手綱を持って止める」だけど、英語では「ちょっと待って」「落ち着いて」という意味で使えるよ。

check
□
□

開けゴマ

Open sesame.

動画で復習!

フレーズ解説

open は「開く」という意味の動詞で、**sesame** は「ゴマ」のこと。つまり、**Open sesame.** で「開けゴマ」。日本語と言い方がよく似ているね。

check
□
□

1、2の3で

on three

フレーズ解説

タイミングを合わせて何かを一緒にするときの前置きフレーズ。これは「3で行くよ！」という意味で、**one two three!!** と言うのはそのあとなんだ。

動画で復習！

check
□
□

ついてない！

Just my luck!

フレーズ解説

just は強調の意味を持つワードで、**luck** は「運」。直訳すると「なんという運なんだ！」になるけど、実際は「なんてついてないんだ！」という残念な気持ちを表すんだ。

動画で復習！

check □ □

わー、行く！

I'm there!

動画で復習！

フレーズ解説

直訳すると「私はそこにいます」だけど、実際は「そこ」にもういるかのような気持ちを表すフレーズ。誰かに誘われたとき、「すぐ行く！」と返事するときに使えるよ。

check □ □

味がしない

It's bland.

動画で復習！

フレーズ解説

bland は「刺激が強くない」、つまり「特徴がない」「味がしない」という意味の形容詞。「つまらない」「退屈な」といったマイナスな気分を表す時にも使えるよ。

check

□
□

楽しくない

It's no picnic.

動画で復習!

フレーズ解説

picnic には文字どおりのピクニック以外に、「楽しいこと」という意味もあるんだ。その前に否定を表す **no** があるから、「楽しくない」というフレーズになるんだね。

check

□
□

オッケー!

okie dokie

動画で復習!

フレーズ解説

「オッケー!」「了解!」という感じで、気軽に使えるフレーズ。つづりをよく見ると、**ok** が**2**つあるよね。こうやって同じ音を繰り返して、語呂合わせをしているんだ。

check □ □

ええっと

let me see

動画で復習！

フレーズ解説

see は「見る」「会う」「わかる」といった意味の動詞。でもこれは「私を見て」とか「私にわからせて」ではなく、何かを考えたり思い出したりするときに使う表現だよ。

check □ □

お願い～！

Pretty please!

動画で復習！

フレーズ解説

pretty は「かわいい」のほかに、強調を表す副詞としても使えるんだ。お願いをするときに使う **please** の前に並べると、ちょっと甘えた感じのニュアンスが加わるよ。

check

□

□

電話中

on the phone

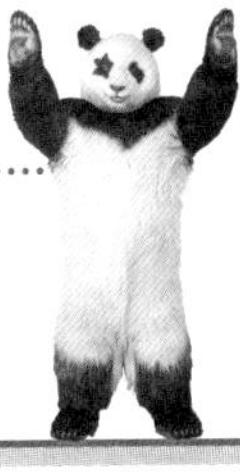

フレーズ解説

動画で復習！

「電話中」と言う時は、電話に接しているというイメージから **on the phone** という表現に。メールや **SNS** などでは **on the phone** を **OTP** と略して使うこともあるよ。

check

□

□

ありかな？

Up for it?

フレーズ解説

動画で復習！

相手が乗り気かどうかを尋ねる、**Are you up for it?** というフレーズを縮めたもの。乗り気だったときの返事は **I'm up for it.** だよ。

check □ □

調子どう？

What's up?

動画で復習！

フレーズ解説

相手が何をしているか尋ねる、**What are you up to?** を縮めたフレーズ。「元気？」「最近どう？」という感じに挨拶するときに使えるよ。

check □ □

なんていうんだっけ？

Whatchamacallit?

動画で復習！

フレーズ解説

「なんて言うんだろう」という意味の、**What you may call it?** を早口で言ったフレーズ。何かの名前がパッと思い浮かばないときに使ってみて。

check
□
□

コツは何？

What's the secret?

フレーズ解説

動画で復習！

secret には「秘密」以外にも「秘訣」「コツ」という意味もあるよ。つまり、**What's the secret?** は「コツは何？」って尋ねるフレーズなんだ。

check
□
□

あなたもね

You too.

フレーズ解説

動画で復習！

Have a good day! つまり「よい1日を」と挨拶されたら、**Thank you!** の次に「あなたもね」という意味の **You too.** も添えて返すと素敵だよ。

check

引っかかったー！

Got you!

動画で復習！

フレーズ解説

直訳すると「あなたを捕まえた！」だけど、相手を驚かそうとして成功したときの「やった！」、つまり「引っかかったー！」と言いたいときに使えるよ。

check

超興奮してる！

I'm pumped!

動画で復習！

フレーズ解説

もともと**pump**は「ポンプで空気を入れる」という意味の動詞で、**pumped**はそれを形容詞化したもの。英語ではこうやってワクワクする気分を表すんだね。

check
□
□

息を吸って

breathe in

動画で復習！

フレーズ解説

「息」を表す名詞の **breath** は「息」に **e** がくっつくと、「呼吸」という動詞に。**breathe in** で「息を吸う」、**breathe out** で「息を吐く」だよ。

check
□
□

確率が低い

long shot

動画で復習！

フレーズ解説

That's a long shot. は、遠くから的を射抜くのは難しくてほとんど当たらないというイメージから、抽選などの当たる確率が低いときに使うよ。

check
□
□

急がば回れ

Haste makes waste.

フレーズ解説

直訳すると「焦ると無駄をつくる」。**haste** は「急ぎ」「焦り」で、**waste** は「無駄」を表す名詞。先頭の **h** と **w** 以外は同じ発音なので、これも韻を踏んでいるね。

動画で復習!

check
□
□

似合ってる

It suits you.

フレーズ解説

suit は衣類のスーツを表すだけじゃなく、「似合う」という動詞としても使えるって知ってた? 新しい服を着てきた友達に言ってあげたいフレーズだね。

動画で復習!

check
□
□

音が聞こえないよ

You're on mute.

動画で復習！

フレーズ解説

英語で「音が聞こえないよ」と言うときは、「無言の」「沈黙の」という意味の **mute** を使うんだ。テレビのリモコンに **MUTE** ボタンがあるのを思い出して。

check
□
□

わからない

dunno

動画で復習！

フレーズ解説

I don't know. を縮めた表現。これだけだと冷たく聞こえるから、**I dunno if he's free.**（ヒマかどうかわからない）という感じで使おう。

check

おいしそう

looks yumyum

フレーズ解説

look には「見る」以外にも「〜しそう」という意味もあるんだ yumyum は「おいしい」を表す yummy と同じ意味。この2語で「おいしそう」というフレーズに。

動画で復習!

check

バイバイ

ta-ta

フレーズ解説

bye-bye と同じ意味のイギリス英語。軽い別れの挨拶だね。「今日はこれでお別れ」とメールするとき、ta-ta for now を略して TTFN と書くことも。

動画で復習!

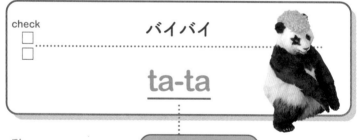

check
□
□

金曜日だー！

TGIF

フレーズ解説

動画で復習！

「神様ありがとう！今日は金曜日だ！」という意味の**Thank God It's Friday**を縮めたもの。「これから週末だ！」という、うれしい気持ちを表せるよ。

本当にありがとう

Thanks a million.

フレーズ解説

動画で復習！

直訳すると「**100**万のありがとう」で、心からの感謝を友達に伝える表すフレーズ。直訳で「**10**億のありがとう」になる**Thanks a billion.**も使えるよ。

check □□

おなかパンパン

stuffed

動画で復習!

フレーズ解説

stuffed は、「詰め込む」という意味の動詞 **stuff** を形容詞化したもの。英語ではこれを使って「おなかパンパン」と言うんだ。食後に使えるフレーズだよ。

check □□

炒める

stir fry

動画で復習!

フレーズ解説

stir は「かき混ぜる」、**fry** は「油で揚げる」を表す動詞。この**2**語で「炒める」になるんだね。ちなみに英語だとチャーハンは **fried rice** だよ。

check
□
□

ワクワクする

stoked

フレーズ解説

「ワクワクする」という気持ちを表す**stoked**は、「かき立てる」という意味の動詞**stock**を形容詞化したもの。**excited**よりもカジュアルな若者言葉だよ。

動画で復習!

check
□
□

緊張でドキドキする

have butterflies

フレーズ解説

直訳すると「おなかの中に蝶々がいる」だけど、これは胸がざわめく感じを表すフレーズ。楽しいことが起きる前のワクワクドキドキ感を表すときに使ってね。

動画で復習!

check
□
□

息切れ

out of breath

動画で復習！

フレーズ解説

out of は「～が切れている」、**breath** は「息」という意味。**out of breath** で「息切れ」に。ちなみに「品切れ」は **out of stock** と言うよ。

check
□
□

ウキウキする

walking on air

動画で復習！

フレーズ解説

直訳すると「空気の上を歩いている」。つまり、うれしくて天にも昇る気持ちを表していて、「ウキウキしている」というフレーズとして使えるよ。

check
□
□

出かけたくてウズウズする

itchy feet

動画で復習！

フレーズ解説

itchy は「かゆい」「ムズムズする」という意味の形容詞で、**feet** は「足」を表す名詞。この**2**語で、外に出かけたくて足がムズムズする気持ちを表せるんだね。

check
□
□

ノドに詰まっている

choking

動画で復習！

フレーズ解説

choking は、「ノドに詰まらせる」という意味の動詞 **choke** の **-ing** 形。英語ではこれを形容詞代わりに使って、「ノドに詰まっている」「息苦しい」と言うんだ。

check
□
□

ぐうたら

couch potato

動画で復習!

フレーズ解説

couch は「ソファ」、**potato** は「じゃがいも」を表す名詞。つまり「ソファにころがったジャガイモ」みたいに、ダラダラしているぐうたらな人を指す表現だよ。

check
□
□

ウトウトする

doze off

動画で復習!

フレーズ解説

「居眠りする」という意味の **doze** と、**off** を使ったフレーズ。自分が「今ウトウトしていた」と言いたいときは、過去進行形の **I was dozing off.** になるよ。

check
□
□

寝落ちする

drift off

フレーズ解説

「漂う」という意味の動詞 **drift** を使ったフレーズ。この後ろに **off** を並べると「漂うように自然に眠りに入る」、つまり「寝落ちする」という意味になるんだ。

動画で復習！

check
□
□

楽ちん

easy peasy

フレーズ解説

単に **easy**、つまり「簡単」というよりも「楽ちん！」という感じのフレーズ。**peasy** には特に意味はないけど、**-asy** が共通していて韻を踏んでいるんだね。

動画で復習！

check

のんびり

easygoing

動画で復習!

フレーズ解説

easy には「簡単」以外に「気楽な」という意味もあるんだ。その後ろに **going** をくっつけると、「のんびり」「のんきな」というフレーズになるよ。

check

いいかげんにして

enough is enough

動画で復習!

フレーズ解説

「十分」という意味の **enough** が**2**つあるから、直訳すると「十分すぎる」。つまり「いいかげんにして」「もううんざり!」という気持ちを表すフレーズなんだ。

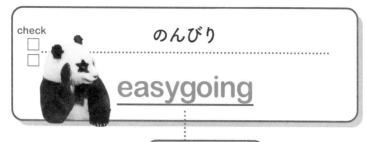

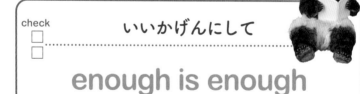

check
□
□

思い出が詰まっている

full of memories

フレーズ解説

動画で復習！

full は「満タン」を表す名詞で、**memories** は「思い出」を表す **memory** の複数形。これらを使って「思い出が詰まっている」と英語で表現するんだね。

check
□
□

付き合う

go out

フレーズ解説

動画で復習！

go out には「出かける」以外に「付き合う」という意味もあるよ。「付き合ってください」と告白する表現は、**Will you go out with me?** だよ。

check □ □

しっかり勉強する

hit the books

動画で復習!

フレーズ解説

直訳すると「本を叩く」だけど、これは「猛勉強する」「しっかり勉強する」という意味のフレーズ。**hit the** の後ろに名詞を並べると、いろいろな動作を表せるよ。

check □ □

実を結ぶ

bear fruit

動画で復習!

フレーズ解説

ここでの **bear** は「産む」という意味の動詞。**fruit** は「果物」以外に「結果」「成果」という意味もあるよ。英語ではこの**2**語で「実を結ぶ」と表現するんだね。

check
□
□

よくわかった

crystal clear

動画で復習！

フレーズ解説

「水晶」を表す **crystal** と「透明な」「明確な」という形容詞 **clear** が並んでいるね。この**2**語で、一点も曇りがなく、はっきりわかったという意味を表すんだ。

check
□
□

体力が続かない

out of shape

動画で復習！

フレーズ解説

out of は「～から外へ」という意味で、**shape** は「姿」「形」などを表す名詞。英語ではこれらを使って、「運動不足」や「体力が続かない」という表現をするんだ。

check

□
□

負けず嫌い

sore loser

動画で復習！

フレーズ解説

直訳すると **sore** は「痛い」、**loser** は「負けた人」「敗者」。**sore loser** で、「負けを認めない人」「負けた時に言い訳をしてマナーに欠ける人」という意味に。

check

□
□

募金する

raise money

動画で復習！

フレーズ解説

raise は何かを「持ち上げる」という意味の動詞。直訳すると「お金を持ち上げる」だけど、英語ではこうやって「募金する」と表現するんだ。

check

□

□

世間話

small talk

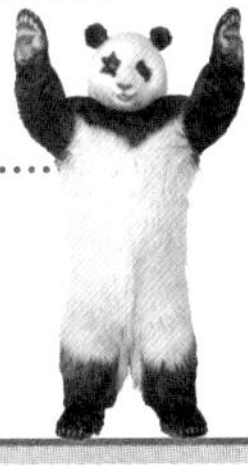

動画で復習！

フレーズ解説

small talk はちょっとした会話ということで「世間話」「雑談」という意味。日本語で会議前に行うアイドリングトークも **small talk** で **OK**。

check

□

□

念のため

just in case

動画で復習！

フレーズ解説

「場合」「状況」を表す名詞 **case** を使ったフレーズ。もしもの場合に備えて、つまり「念のため」と英語で表現することができるね。**in case** だけでも使えるよ。

check

可能性は無限大

Sky's the limit.

動画で復習!

フレーズ解説

sky は「空」、**limit** は「限界」という意味。**Sky's the limit.** で「限界は空のように無限大だよ」と、何かに挑戦する人の背中を押すフレーズになります。

check

だいたい

pretty much

動画で復習!

フレーズ解説

pretty は強調を表す副詞としても使えると習ったよね？　その後ろに「多い」「たくさん」を表す **much** を並べると、「だいたい」「ほとんど」という意味になるよ。

check
□
□

惜しい

so close

動画で復習！

フレーズ解説

s の音が濁らない形容詞の **close** は「近い」という意味。その前に強調を表す副詞 **so** を並べると「ものすごく接近している」、つまり「惜しい」と表現できるよ。

check
□
□

裏返し

inside out

動画で復習！

フレーズ解説

inside は「内側」で、**out** は「外に」という意味。英語ではこの**2**語を使って「裏返し」と表現するんだ。ちなみに「上下逆さま」は **upside down** だよ。

check
□
□

地球に優しい行動

go green

フレーズ解説

go は「行く」以外に「ある状況に達する」ことも表せるよ。ここでの **green** は「自然」「環境」という意味。英語ではこの**2**語で「地球に優しい行動をする」と言うんだ。

動画で復習！

check
□
□

旬

in season

フレーズ解説

in は「中」を表す前置詞で、**season** は「季節」という意味の名詞。つまり「その季節に入っている」から、「旬」を表しているんだ。食べごろを伝えるときに使えるよ。

動画で復習！

Chapter 5

日常のちょっとした
言葉を覚える！

チリツモ
英語レッスン

「お昼寝」「横断歩道」「もぐもぐ」……。
身の回りのちょっとした英語をピックアップ！
チリツモで1日1個覚えるとあなたもベラベラに！

check

基本の「き」

101

動画で復習！

フレーズ解説

101とは、何かをやるときの基本中の基本のこと。初級者向けの講座のことも指します。たとえば、料理の基本中の基本のお湯を沸かすことを**cooking 101**というように使います。

check

鬼滅の刃

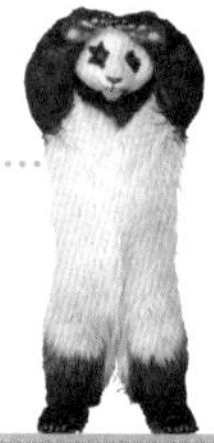

Demon slayer

動画で復習！

フレーズ解説

日本独特の鬼を英語で表現するときは、悪魔という意味の**devil**や**demon**を使います。**Demon slayer**は鬼を殺す者ということで、鬼滅の刃になります。

check
☐
☐

いい勝負

good game

動画で復習!

フレーズ解説

スポーツの試合の後などにお互いの健闘をたたえ合うときに使います。ちなみに、SNSなどでは"gg"と略せるよ。

check
☐
☐

おもしろい本

good read

動画で復習!

フレーズ解説

readは「読む」だけでなく、「読み物」という意味もあります。interesting bookというよりgood readのほうがカジュアルな言い方なんだ。

check □ □

一気に見る

○○ marathon

動画で復習！

フレーズ解説

marathon は走るマラソンという意味だけど、ドラマなどの作品名の後に **marathon** を付けると一気に何話も見るというフレーズになるよ。

check □ □

ベッドから出ない日

duvet day

動画で復習！

フレーズ解説

duvet は羽毛布団のこと。 **duvet day** は布団から出ないでゆっくり過ごす日のことを言います。

check

いつメン

squad

動画で復習！

フレーズ解説

squad は、数人の「チーム」「班」の意味。 **SNS** では仲良しのいつものメンバーが集まった写真に「いつメン」の意味のハッシュタグとして「**#squad**」として使うよ。

check

鬼ごっこ

tag

動画で復習！

フレーズ解説

「タグ付けする」「タッチする」という意味。だから、鬼ごっこは **tag**。「鬼ごっこしよう！」は、**Let's play tag!** ちなみに、鬼（追いかける役）は英語で **it** と言います。

check
☐
☐

双子コーデ

twinsies

動画で復習！

フレーズ解説

twinsies は双子コーデのこと。双子という意味の **twins** に、語呂のいい **ies** をつけた若者言葉なんだ。**SNS** のハッシュタグとして使うのもアリだね。

check
☐
☐

横断歩道

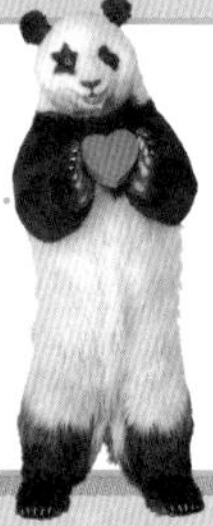

zebra crossing

動画で復習！

フレーズ解説

zebra は「シマウマ」「縞模様」、**crossing** は「交差点」「横断」という意味。2つをくっつけて **zebra crossing** で横断歩道。

check

2階

upstairs

フレーズ解説

stairs は階段のこと。**up** をくっつけた **upstairs** で上の階という意味に。ちなみに、下の階は **downstairs** と言うよ。

動画で復習！

check

汗だく

sweaty

フレーズ解説

汗は英語で **sweat**。**y** を付けて **sweaty** にすると、汗っぽい状態、つまり、汗だくという意味になるよ。「汗びっしょりだね」と言うときは **You are all sweaty.** と表現します。

動画で復習！

check □ □

11時50分

ten to twelve

動画で復習！

フレーズ解説

ten to twelve は12時の10分前ということで、11時50分のこと。
five to twelve は11時55分。

check □ □

お昼寝

nap

動画で復習！

フレーズ解説

nap は昼寝や仮眠のこと。
take a nap でお昼寝をするというフレーズになるよ。

check

夜型人間

night owl

動画で復習！

フレーズ解説

night は夜、**owl** はフクロウを意味する言葉。夜に活動するフクロウのように、夜遅くまで起きている夜型の人のことを **night owl** と言うよ。

check

もぐもぐ

nomnom

動画で復習！

フレーズ解説

nomnom は「もぐもぐ」「むしゃむしゃ」と食べる様子を表すフレーズ。**SNS** で **# nomnom** と検索するとおいしそうな写真をたくさん見つけられるよ。

check

ペットボトル

plastic bottle

動画で復習!

フレーズ解説

英語では **PET bottle** ではなく、**plastic bottle** と言います。
みなさん、飲んだペットボトルはちゃんとリサイクルしましょう!!

check

どしゃぶり

pouring rain

動画で復習!

フレーズ解説

直訳すると、**pour** は注ぐ、**rain** は雨。まさに注がれるようにドバーッと降る雨のことを **pouring rain** と言います。

check

イルミネーションライト

fairy lights

動画で復習！

フレーズ解説

fairy は妖精のこと。クリスマスツリーなどに使うキラキラ光る豆電球がまるで妖精が飛んでいるように見えることから **fairy lights** と呼ぶんです。

check

エッグノッグ

eggnog

動画で復習！

フレーズ解説

エッグノッグは、クリスマスに飲む温かいドリンクのこと。「牛乳：**200ml**・卵：**1**個・砂糖：お好み量」を混ぜて温めれば出来上がり。

check

～くらい

ish

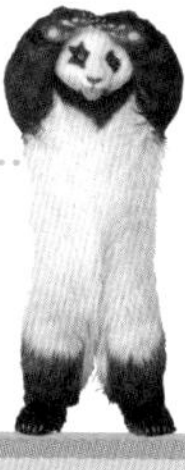

動画で復習！

フレーズ解説

ish はいろんな名詞につけることで「～くらい」という意味に。**thirtyish** で「30歳くらい」、**childish** で「子どもっぽい」、**greenish** で「緑っぽい」とカジュアルに使えます。

check

刺激的

kick

動画で復習！

フレーズ解説

kick は「パンチが効いている」「ピリ辛」といった意味もあります。「炭酸やアルコールがキツい！」というときに **It has a kick!** と言うよ。

check

ちょっとだけ

Just a little bit.

動画で復習！

フレーズ解説

a little bit だけでも「ほんの少し」として使えるけど、その前に強調を表す **Just** があるね。なめらかに発音できると一気にネイティブっぽく聞こえるよ。

check

迷子

lost

動画で復習！

フレーズ解説

lost は **lose** の過去形・過去分詞形。「なくす」「負ける」のほかに「迷子」という意味もあるんだよ。もし海外で迷子になってしまったら、**I'm lost.**（迷子になった）と助けを求めよう。

check

おそろい

matching

動画で復習！

フレーズ解説

日本語でも「マッチする」とよく使うよね。**matching** はおそろいという意味。「おそろいのキーホルダーにしよう」は、**Let's get matching key holders.** って言うよ。

check

くさ〜い

stinky

動画で復習！

フレーズ解説

stinky は においを強調する形容詞だけど、嫌なにおいを表すときしか使えないんだ。丁寧に言いたいときは、**It smells.** を使おう。

check

頭から離れない

stuck in my head

動画で復習!

フレーズ解説

stuck は、「くっついて離れない」という意味の動詞 **stick** を 形容詞化したもの。これと「頭」を表す **head** を使って「頭から離れない」という表現ができるよ。

check

しま模様

stripe

動画で復習!

フレーズ解説

日本語では、横しま模様を「ボーダー」、縦しま模様を「ストライプ」と言うけど、英語では縦でも横でもしま模様のことを **stripe** と言うんだ。

check

ぽかぽか

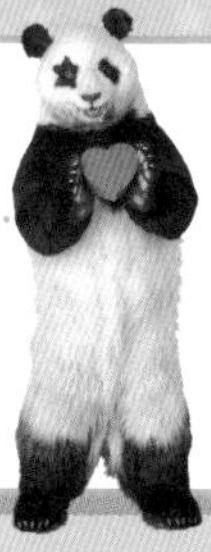

toasty

動画で復習!

フレーズ解説

暖かいはwarm。包まれたような暖かさ＝「ぽかぽか」は、焼き立てのトーストをイメージしてtoastyと言います。ベッドの上で布団をかぶって「ぬくぬく」もtoastyだよ。

check

小腹が減った

peckish

動画で復習!

フレーズ解説

「ついばむ」という意味の動詞peckに、「〜っぽい」という意味の-ishをくっつけると、「ちょっとつまみたい感じ」、つまり「小腹が減った」という表現になるよ。

check

アップする

upload

動画で復習!

フレーズ解説

SNS などに投稿するとき、日本語では「アップする」と縮めて言いがちだけど、英語では **upload** と縮めずに言うんだ。「投稿する」を表す動詞 **post** も使えるよ。

check

繰り返し

reps

動画で復習!

フレーズ解説

「繰り返し」や「反復」を表す名詞 **repetitions** を縮めた表現。
もし「**10**回を**3**セット」と英語で言うなら **Three sets of ten reps.** だよ。

check

癒し系

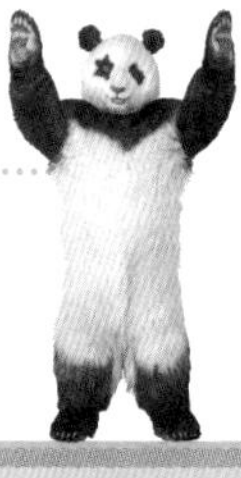

Therapeutic

動画で復習！

フレーズ解説

癒しや治療の意味の **Therapy** から派生したワードで「彼は癒し系だよ」という場合は **He is therapeutic.**

check

不気味

spooky

動画で復習！

フレーズ解説

spooky はお化けが出そうで怖いというイメージの不気味な雰囲気を指す言葉。ハロウィーンで写真をアップロードするとき、**SNS** のハッシュタグにおすすめだよ。

check

便利

handy

フレーズ解説

動画で復習！

handy は「役に立つ」「便利な」「使いやすい」という意味。**DIY** などで何でも器用に作っちゃう人に対しても使います。

check

あなた

hon

フレーズ解説

動画で復習！

hon は、仲の良い友達を呼ぶときの **honey** の略。**Dear**（親愛なる）と同じ意味だよ。大切な相手に対して、メールだけでなく、直接話すときにも使ってみよう。

check

〈正解に〉近い

warmer

動画で復習!

フレーズ解説

Warm は温かいという意味。かくれんぼや宝探しなどで **You're getting warm!**、**Warmer!　Warmer!** と言うと、探しているものに近づいているという意味になります。

check

どんぐり

acorn

動画で復習!

フレーズ解説

「どんぐり」は英語で **acorn**。ちなみに、「松ぼっくり」は **pinecone** だよ。

check

冬景色

winter wonderland

動画で復習！

フレーズ解説

It's a winter wonderland. は直訳すると「冬のおとぎの国」。一面の雪景色やクリスマスのイルミネーションなど、冬ならではの幻想的な世界＝冬景色を表します。

check

アドベントカレンダー

advent calendar

動画で復習！

フレーズ解説

advent は時代が到来するという意味。**advent calendar** で、クリスマスを待ち望むカレンダーに。欧米ではお菓子やプレゼントが入ったアドベントカレンダーを手作りするよ。

check

ピエロ

clown

動画で復習!

フレーズ解説

ピエロはフランス語。英語では**clown**と言うよ。**crown**だと「王冠」になるので、**L**と**R**の発音に注意しよう。

check

飢餓をゼロに

zero hunger

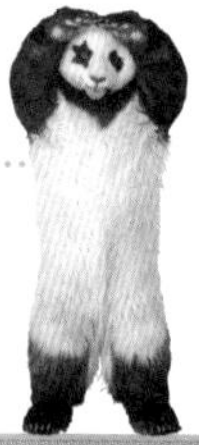

動画で復習!

フレーズ解説

hungerは「空腹」「飢餓」。**zero** ～は「～をゼロに」「～をなくす」という意味なので、**zero hunger**で飢餓をゼロにということ。

check
☐
☐

温泉

hot spring

動画で復習！

フレーズ解説

spring は「春」のほかに「泉」という意味もあります。**hot spring** は「温かい泉」だから、温泉となります。

check
☐
☐

ラッキー

blessed

動画で復習！

フレーズ解説

bless は、祝福する、**blessed** で祝福されたということで、「ラッキー」という意味になるんです。ちょっと自慢したいときに使えるハッシュタグワードだよ。

check

新しい生活様式

new normal

動画で復習！

フレーズ解説

何かの影響によって変化した日常のこと。新しい生活様式といってたけど、**SNS** で「**#new normal**」とソーシャルディスタンスで生活する写真が **UP** されていたね。

check

時計回り

clockwise

動画で復習！

フレーズ解説

wise は方向を示していて、**clockwise** で「時計回り」という意味に。反時計回りは、逆向きという意味の **counter** を付けて **counterclockwise** になります。

check

サイン

autograph

動画で復習!

フレーズ解説

有名人が色紙に書くサイン。**sign** ではなく **autograph** が正解。**sign** は「署名する」「看板」という意味。サインが欲しいときは **May I have your autograph?** と言うよ。

check

定番の

go-to

動画で復習!

フレーズ解説

go-to は「定番の」「お決まりの」という意味。**go-to place** で行きつけの場所。**go-to song** でカラオケの定番曲という意味になるんだよ。

check
□
□

定番中の定番

classic

動画で復習！

フレーズ解説

classic は、「古典的」「元祖」という意味。**It's a classic.** で「定番中の定番」に。映画や本などの作品を紹介するときに「不朽の名作」という意味でも使うよ。

check
□
□

みじん切り

mince

動画で復習！

フレーズ解説

mince は「細かく切り刻む」「みじん切りにする」という意味。「みじん切りにしてくれる？」は、**Can you mince this?** ちなみに、少し粗めに刻むのは **chop** と言うよ。

index

Have a blast!

profile

星星
（セイセイ）

7月7日生まれ。身長170cm。星が降る夜に生まれたため、右目の周りが星の形に。世界を旅して英語・中国語・日本語が堪能。ちょい悪でマイペース。困った人は放っておけないお人好しの性格。丸いモノには目がない。主な著書に『星星のベラベラENGLISH BOOK』がある。

［番組スタッフ］
プロデューサー
上田崇博（日本テレビ）
傅克文（日本テレビ）
島田麻美（日本テレビ）
冨永倫子（日本テレビ）
内田いつき（太陽カンパニー）
制作協力
STAR PANDA LLP
スターダストプロモーション
製作著作
日本テレビ

［BOOKスタッフ］
編集協力
堀井桂子（ループ）
岩淵美樹
撮影
土屋哲朗
校正
ハーヴェスト
水科哲哉（アンフィニジャパン・プロジェクト）
ブックデザイン
福島源之助／森田 直／佐藤桜弥子
（フロッグキングスタジオ）
出版プロデューサー
将口真明／飯田和弘／齋藤里子
（日本テレビ）

星星の1日1フレーズ

バズるは英語でなんて言う？

著者　星星

2023年3月25日　第1刷発行

発行者　大山邦興
発行所　株式会社 飛鳥新社
〒101-0003
東京都千代田区一ツ橋2−4−3　光文恒産ビル
電話 03-3263-7770（営業）
03-3263-7773（編集）
http://www.asukashinsha.co.jp
印刷・製本　中央精版印刷株式会社

落丁・乱丁の場合は送料当方負担でお取替えいたします。
小社営業部宛にお送りください。

ISBN 978-4-86410-937-6

編集担当　内田 威